Schloß Hochenburg
K
O
H
L
N
P
Ihn
Flus

WASSERBURG
am Inn

WASSERBURG
am Inn

Fotografie Alex Heck
Text Martin Geiger

Edition Braus

November 1992
Grafische Gestaltung: Doris Braus van Essen
Gesamtherstellung: Brausdruck GmbH Heidelberg
ISBN 3-89466-055-4

WASSERBURG AM INN
DIE STADT AM FLUSS

ZUR EINFÜHRUNG

Jede Begegnung mit dieser Stadt ist ein besonderes Ereignis. Sie erzwingt nämlich nicht die Auseinandersetzung mit der Stein gewordenen Geschichte, denn schon der erste Anblick offenbart, daß man hier kein Freilichtmuseum betritt, sondern wie selbstverständlich einbezogen wird in das lebendige Treiben einer städtischen Gemeinschaft.

Gleichgültig auf welchem Weg sich der Besucher der Stadt nähert, er wird seinen ersten Eindruck immer wieder als Angebot, als Aufforderung zum Sehen, Betrachten, Teilhaben annehmen. Dies gilt für beide Wege, die von alters her in die Stadt führen: Der eine folgt von Osten der alten Salzstraße über die Innbrücke, vorbei am Aussichtspunkt auf der Höhe des Kellerberges, der einen ersten Einblick in das Geschehen eröffnet, der andere führt von Westen über Köbingerberg- oder Münchener Straße zur Burg, vorbei an einem weniger bekannten, nur zu Fuß erreichbaren Aussichtspunkt.

Seit Jahrhunderten haben Einheimische und Fremde, Gäste und Durchreisende immer wieder versucht, das Erscheinungsbild dieser Stadt in Worte und Bilder zu fassen: Hans Tonnauer fügte schon um 1590 sein Fresko in der Münchener Residenz in den Reigen der schönsten Orte des Herzogtums Bayern ein; von Matthäus Merian bis Eduard Bargheer, von Peter Candid bis Alexej Jawlensky reicht die Liste der Maler und Zeichner, die das Stadtbild dargestellt haben; Carl Amery und Werner Bergengruen, Hans Carossa und Uwe Dick, Oskar Maria Graf und Gustav Meyrinck mögen stellvertretend stehen für die Dichter und Literaten. Sie alle versuchten. ihre Empfindungen und Eindrücke, ihre Gedanken oder Gefühle beim Anblick der Stadt zu beschreiben oder auszudrücken.

Doch alle diese Bemühungen müssen sich auf Teilaspekte beschränken: Wasserburg ist zweifelsohne eine »gotische« Stadt, sie hat auch »italienisches Flair« und sie verkörpert den Typus der »Inn-Salzach-Städte«. Alle diese Aussagen sind richtig, alle Bilder stimmen mit der Vorlage überein. Sie beziehen sich auf das scheinbar unverändert erhaltene und doch immer zeitgemäß gebliebene äußere Erscheinungsbild, wobei »Wasserburg« immer das Synonym bleibt für die vom Inn umflossene, von der Burg überragte Halbinsel.

Man nähert sich dieser »Altstadt« nämlich nicht über Straßen, die zuerst durch moderne Siedlungen führen, um schließlich an einem Mauerring zu enden, der die moderne von der historischen Substanz scheidet. Die heutigen Straßen folgen immer noch weitgehend den uralten Handelswegen und – von welcher Seite man auch kommt – immer gerät man unwillkürlich an eine natürliche Zäsur zwischen dem Stadtzentrum und den »Vorstädten«. Diese

Zäsur erzwingt Abstand und erlaubt das Betrachten, und sie gibt dem, der es will, Zeit und Muße, sich umzustellen.

DIE STADT AM FLUSS

Der Blick von der »Schönen Aussicht« am Kellerberg erlaubt uns, gewissermaßen aus der Vogelperspektive, die naturräumlichen Vorgaben für die Besiedelung der Halbinsel und die Gestaltung durch ihre Bewohner zu erkennen. Dabei wird deutlich, in welchem Ausmaß der Inn bis heute die Entwicklung der Stadt und ihres Erscheinungsbildes bestimmt hat. Er schützt und bedroht sie gleichzeitig. Er läßt sich auch durch Bauwerke nicht abdrängen oder ausklammern, sondern bleibt immer einbezogen in die Stadtlandschaft, er ist ihr Kernstück.

Schließlich schuf ja dieser Flußlauf selbst die Talaue, in der sich eine Ansiedelung entwickeln konnte: Nach dem Abschmelzen des würmeiszeitlichen Inngletschers gruben die aus einem See abfließenden Wassermassen immer tiefer werdende Abflußrinnen durch die Moränenzüge, die sich heute zwischen Attel und Au am Inn erstrecken. Bei einer Innschiffahrt, die seit 1991 zwischen den Innstaustufen Wasserburg und Teufelsbruck wieder möglich ist, kann dieser Jahrtausende währende Prozeß nachempfunden werden.

Wie der Flußmäander bei Wasserburg entstanden ist, läßt sich nicht mehr feststellen. Er ist als Zusammenfluß mehrerer Gerinne ebenso denkbar wie als Umlaufberg. Allerdings haben Bohrungen in den letzten Jahren ergeben, daß der Landsporn, den heute die Burg besetzt, keinen »harten« Kern birgt, der den Inn hätte abweisen können. Er baut sich aus denselben Schichten auf wie die ihn umgebenden Bereiche.

Jedenfalls fanden die frühesten Siedler hier eine Talaue vor, die, von bis zu 70 Meter hohen Kies- und Sandbänken umgeben, eine geschützte Lebensgrundlage bieten konnte. Grabungen am Marienplatz haben im Jahre 1991 ergeben, daß die Flußschleife spätestens seit der mittleren Bronzezeit (um 1500 v. Chr.) besiedelt ist. Es kann also von einer seither bestehenden Siedlungskontinuität ausgegangen werden, und auch die mittelalterliche Siedlung würde demnach keine planmäßige Gründung darstellen, sondern nur einen Abschnitt in der langen Stadtgeschichte.

Vielleicht birgt diese Kontinuität auch den Grund für den zeitlosen Einklang von Topographie und Stadtgestalt, für den harmonischen Ausgleich von naturräumlichen Gegebenheiten und gestaltetem Lebensraum. Die offenkundige Harmonie zwischen der konstanten örtlichen Siedlungslage und dem laufenden, vom Leben erzwungenen Veränderungsprozeß der Siedlung begründet wohl auch die ungewöhnlich urbane Ausstrahlung dieser ländlichen Kleinstadt im Herzen von Oberbayern. Als besonderer Glücksfall hat sich dabei erwiesen, daß die im Jahre 1986 fertiggestellte Hochwasserschutzanlage diesen Einklang von Natur und Zivilisation, von Siedlung und Landschaft nicht zerstörte, sondern zum Maßstab nahm und auf diese Weise heute zum Erhalt und zur Bereicherung des Stadtbildes beiträgt. In einer Abfolge von Mauern, Dämmen und Wegen wurde die natürliche Flußlandschaft in einen weitgehend naturbelassenen Altstadtpark verwandelt, der darüber hinaus die Gelegenheit zur Anlage eines Skulpturenweges geboten hat.

LEBENSGRUNDLAGEN DER MITTELALTERLICHEN STADT

Bis in die Zeit des hohen Mittelalters birgt die Geschichte Wasserburgs noch viele Geheimnisse. Nach einer auf das Jahr 1137 datierten Urkunde verlegte Hallgraf Engelbert, der über umfangreiche Besitzungen am mittleren Inn, im Gebiet zwischen Salzach und Enns sowie um Passau verfügte, seinen Sitz von der Limburg bei Attel wenige Kilometer flußabwärts auf seine Burg »Wasserburg« bei dem Orte Hohenau.

Bereits um das Jahr 1000 tritt aber im Gefolge König Stephans des Heiligen von Ungarn ein »Vencellinus de Wasserburg« auf, und in den Traditionen des Klosters St. Emmeran in Regensburg wird für das Jahr 1085 ein »Dietrich de Wasserburg« genannt, der auch 1091 in einer Freisinger Tradition erwähnt ist. Demnach ließe sich schon um die Jahrtausendwende hier ein Herrschaftsbereich annehmen, den die Hallgrafen übernommen hätten.

Ihre Entscheidung zur Sitzverlegung fiel jedenfalls und vermutlich nicht zufällig in eine Zeit, in der zahlreiche Flußübergänge durch Brückenbauten neu geschaffen oder als Ersatz für ältere Furten verbessert worden sind. Wir wissen nicht, wann hier die erste Holzbrücke entstanden ist, aber sie dürfte spätestens in die erste Hälfte des 12. Jahrhunderts zu datieren sein. Damit entstand in Wasserburg ein befestigter, leicht zu schützender und zu kontrollierender Kreuzungspunkt wichtiger Handelswege, nämlich des Schiffahrtsweges und der uralten, von den Salzlagerstätten um Hallein und Reichenhall aus nach Westen führenden Salzstraße. Ein schnelles Aufblühen des Umschlags- und Handelsplatzes war die Folge und vermutlich auch die erstmalige Ausstattung der Bürgerschaft mit Freiheiten und Privilegien.

An der bevorzugten Stellung der Stadt und ihrer Bürgerschaft änderte sich nichts, als 1247 der Bayernherzog Ludwig im Auftrag seines Vaters Otto II. Wasserburg nach 17wöchiger Belagerung einnahm, den letzten Hallgrafen (seinen Vetter) vertrieb und dessen gesamte Besitzungen übernahm. Damit begann die Zeit, in der sich Wasserburg den Ruf als eine der wohlhabendsten Städte Bayerns erworben hat. Handel und Handwerk blühten, und die Bürgerschaft der Stadt erhielt Rechte und Freiheiten wie sie sonst nur den Haupt- und Residenzstädten gewährt worden sind.

Auch die auf das Jahr 1334 datierte Verleihung des Allgemeinen Stadtrechts durch den deutschen Kaiser dürfte keine erstmalige Auszeichnung, sondern eher die Bestätigung einer seit langem bestehenden

M. Merian, aus:
Theatrum Europaeum,
Kupferstich 1648

M. Merian, from: Theatrum
Europaeum, engraving 1648

M. Merian, provenant de:
Theatrum Europaeum,
gravure sur cuivre datant
de 1648

Rechtsposition gewesen sein. Schließlich hatte Kaiser Ludwig (der Bayer) schon 1324 bei der Verleihung des Marktrechtes an Haag diesem Ort alle Rechte und Freiheiten verliehen, »wie sie die Stadt Wasserburg besitzt«. Und der Einleitungssatz des 1340/65 zusammengestellten, im Stadtarchiv erhaltenen Allgemeinen Stadtrechts lautet: »Es hebt sich an die Tafel und das Register der Stattrechte zu München und Wasserburg...«

Einen umfassenden Einblick in den Umfang dieser Rechte, wie sie in der ersten Hälfte des 14. Jahrhunderts bereits bestanden haben, gewährt vor allem der Confirmationsbrief der Bayernherzöge von 1374, in dem den Wasserburgern ihre alten Rechte einzeln bestätigt werden mußten, weil sie ihnen »abgangen sind von prunst wegen«. Mit dieser Feuersbrunst war der große Stadtbrand von 1339 gemeint, dem alle Häuser zum Opfer gefallen waren.

Bedeutung, Rang und Stellung einer mittelalterlichen Stadt hingen unmittelbar vom Umfang der Rechte und Privilegien ab, die ihr vom Landesherrn verliehen wurden. Zu den wichtigsten »alten«, 1374 bestätigten, Rechten der Stadt gehörten beispielsweise Rechtsetzungs-, Besteuerungs- und Selbstverwaltungsrechte sowie Pfändungs- und Niederlagsrechte.

Im Laufe der folgenden Jahre kamen das Münzrecht, der Ziegelstadel, die Kornschranne, der Marktzoll, Pflasterzoll und andere hinzu. Dabei wurden zwei Faktoren für die Stellung der Stadt von existentieller Bedeutung: zum einen der Salzhandel mit dem damit verbundenen allgemeinen Warenhandel und der ihm folgenden Konzentration der Handwerke am Ort und zum anderen die politische Zuordnung der Stadt bei den Landesteilungen nach 1392. So war der Stadt Wasserburg bereits 1374, unter ausdrücklicher Berufung auf das schon 1332 der Stadt München verliehene Niederlagsrecht ein umfassendes Stapelrecht für alle Handelswaren als schon vor 1339 bestehend bestätigt worden. Alles Salz, »das bei der Zolstat zu Wasserburg« angeliefert wurde – und dies war der einzige zugelassene Innübergang zwischen Kufstein und Altötting –, durfte dort nur von Münchener Händlern übernommen und einzig auf der festgelegten Route über die Isar und nach München verbracht werden. Dabei wurden heute kaum noch vorstellbare Mengen transportiert: Noch im Jahre 1630 waren es auf 12603 Fuhrwerken nicht weniger als 119924 Salzscheiben zu je 75 Kilogramm. Dienstleistungs- und Beherbergungsbetriebe, Handwerker und Händler profitierten von dieser Blüte und sicherten einer Vielzahl von Gesellen, Knechten und Tagelöhnern mit ihren Familien ein Auskommen.

Daran änderte auch der Wechsel der politischen Verhältnisse in den Teilherzogtümern nichts. Durch die Landesteilung von 1392 kam Wasserburg zu Bayern-Ingolstadt. Es wurde Verwaltungs- und Wirtschaftsmittelpunkt im »Land vor dem Gebirg«, inmitten oberbayerisch-münchener (westlich des Inns) und niederbayerisch-landshuter (östlich des Inns) Territorien. Die Herrscher dieses Herzogtums statteten

Wasserburg mit noch mehr Rechten in der Art einer Residenzstadt aus. Herzog Stephan III. verlieh ihr nicht nur schon 1392 den Salz- und den Ziegelstadel, sondern auch die Fleischbank und das Recht, Geldstrafen zu erheben.

1404 folgte die Verleihung des Pflasterzolls, 1405 wurden Burgerfeld und Dobel eingegliedert, ab 1412 durfte der Marktzoll erhoben werden. Der Sohn und Nachfolger Stephans III., Ludwig VII. (der Gebartete), baute schließlich Stadt und Burg zu einer fast uneinnehmbaren Festung aus. Auch er betrachtete diese Stadt, in der sein Vater bis 1413 hauptsächlich hofgehalten hatte, als Residenzstadt und stattete sie mit weiteren, bedeutenden Einnahmen aus. Hierher berief er auch 1420 die Stände seines Herzogtums ein. Zu der nachhaltig wichtigsten Einnahmequelle der Stadt wurde der 1439 auf immerwährende Zeiten verliehene »Scheibenpfennig«, eine Abgabe, die für jede über die Innbrücke geführte Salzscheibe erhoben werden durfte. Damit belohnte er nicht nur die Bürgerschaft, die im Jahre 1422 während vierwöchiger Belagerung die Angriffe seines Landshuter Vetters abgewehrt hatte, sondern schuf ihnen durch eine Zweckbindung auch die Mittel, um die Befestigungsanlagen immer in einem sicheren Zustand zu erhalten. Bis zum Beginn des 19. Jahrhunderts, als die Saline Rosenheim ihren Betrieb aufnahm, bildete diese Abgabe eine der wichtigsten städtischen Einnahmequellen.

1447 wurde das Ingolstädter Teilherzogtum durch die Reichen Herzöge von Bayern-Landshut übernommen. Bis zum Tode Herzog Georgs des Reichen, 1503, unterhielten sie hier ein eigenes Rentamt.

DAS STADTBILD

Der Stadtbrand des Jahres 1339 markiert den Beginn des Aufbaus der Stadt in ihrem heutigen Erscheinungsbild, denn seit dieser Zeit blieb die Stadt von Zerstörungen ähnlichen Ausmaßes verschont. Soweit bisher festgestellt werden konnte, ist beim Wiederaufbau kein neuer Stadtgrundriß gewählt worden. Die Abfolge von Straßen und Plätzen, die Zuordnung der Stadtteile zu bestimmten Gewerben, der teilweise auch heute noch die Straßennamen folgen, dürften kaum verändert worden sein.

Trotz aller Um- und Erweiterungsbauten, die im Laufe der Jahrhunderte stattfanden, und obwohl die wichtigsten Repräsentationsbauten erst später ihr heutiges Aussehen erhielten, kann durchaus von einer »gotischen« Stadt gesprochen werden. Die auffallenden Besonderheiten des Stadtgrundrisses und der Architektur entstammen in ihren Grundzügen dieser Zeit. Dazu gehört die Gliederung der Straßenräume als einer Folge unterschiedlich breiter, von geschlossenen Baublöcken umstandener Plätze, die sich immer an den Übergangsstellen deutlich verengten; dazu gehört der große, zentrale Platz (er erhielt seinen heutigen Namen »Marienplatz« erst 1861 anläßlich der Aufstellung der Mari-

Lithographie von F. Cogels
um 1820

lithography by F. Cogels,
c. 1820

Lithographie de F. Cogels
datant d'environ 1820

ensäule mit Brunnen, um den sich Rathaus, Marktkirche, Stadtturm und die wichtigsten Handelshäuser gruppierten); dazu gehört aber auch die »italienisch« anmutende Bauweise der Häuser: Auf schmalem, bis zur nächsten Straßenzeile durchgehendem Grundriß streben sie, das Einzelbauwerk dem Gesamtbild unterordnend, in die Höhe, vom Nachbarhaus durch die »enge Reihe« getrennt, das heißt, die Häuser sind nicht aneinandergebaut, sondern stehen in einem meist weniger als einen Meter breiten Abstand zueinander, also durch zwei Mauern voneinander getrennt.

Diese Bauweise diente ebenso dem Feuerschutz wie die zur Straßenseite die Gebäudefront horizontal abschließenden Vorschußmauern. Diese waren im Regelfall höher als die dahinterliegenden Firste der sogenannten »Grabendächer«. In der Neuzeit wurden die meisten dieser Dächer durch flachgeneigte Blechdächer ersetzt. Die Tiefe der Häuser erforderte es, daß zur Belichtung der innenliegenden Räume Innenhöfe angelegt werden mußten. Sie sind teilweise mit sehenswerten Arkaden und Laubengängen ausgestattet.

Wie ernst übrigens der Brandschutz genommen wurde, zeigt nicht nur die Einsetzung des Türmers auf dem zentral gelegenen Stadtturm, sondern auch das jährlich neu besetzte Amt der »Viertelmeister«, von denen je zwei die Gebäude und Feuerstätten des Scheibenviertels, des Schmiedezeilviertels, des Salzsenderviertels und des Ledererzeilviertels durch regelmäßige Hauskontrollen unter Strafandrohung auf ihren feuersicheren Zustand hin zu überwachen hatten.

In der Chronologie des Wiederaufbaus nach 1339 haben die großen Kirchen- und Profanbauten der Stadt Wasserburg eine eigenständige Entwicklung genommen. Es liegt nahe, daß die Privathäuser nach dem großen Stadtbrand möglichst rasch wieder in einen bewohnbaren Zustand versetzt und im Verlaufe der folgenden Jahrzehnte, dem Vermögen des jeweiligen Eigentümers entsprechend, verändert, vergrößert, erweitert worden sind. Die städtischen Einkünfte in dieser Zeit reichten dagegen für eine vollständige Erneuerung der öffentlichen Gebäude wohl nicht aus. Sie wurden im Laufe von 150 Jahren Zug um Zug meist von Grund auf erneuert. Auffallend dabei ist wie viele dieser Arbeiten in die Epoche der Reichen Herzöge fallen.

DIE BURG

Die Entstehungszeit der namengebenden »Wasserburg« liegt im Dunkel der Geschichte. Auf alten Abbildungen ist ein dominierender Bergfried zu erkennen, der das Zentrum der mittelalterlichen Anlage gebildet haben dürfte. Die Reste dieser befestigten Anlage der Hallgrafen sind in den Gebäuden aufgegangen, die heute nach zahlreichen Um- und Erweiterungsbauten die Burganlage ausmachen. Damit sind auch aus der Zeit, in der Konradin, der Enkel Kaiser Friedrichs II., zwischen 1252 und 1259 hier mit seiner Mutter Kinderjahre verbrachte, keine baulichen Zeugnisse mehr nachweisbar.

Das Hauptgebäude der heutigen Anlage entstand in den Jahren 1526–1537 durch Herzog Wilhelm IV. als zeitgemäß ausgestattetes Schloß mit den zugehörigen, umfangreichen Wirtschafts-, Wohn- und Verwaltungsbauten. An der Hofseite des großen Kornspeichers erinnert das bayerisch-badische Allianzwappen an die Vermählung des Erbauers mit Jakobäa Maria von Baden, deren Bruder, Markgraf Albrecht, hier am 12. 2. 1542 verstorben und in der Stadtpfarrkirche beigesetzt worden ist. Die Burgkirche St. Egidien dürfte schon vor dem Umbau durch Wilhelm IV., vermutlich in der zweiten Hälfte des 15. Jahrhunderts als Nachfolgerin einer älteren Kirche entstanden sein. Leider sind im vorigen Jahrhundert die befestigten Tore, der Halsgraben und die Schutzmauern Ludwigs des Gebarteten aus der ersten Hälfte des 15. Jahrhunderts abgetragen worden. Trotzdem vermittelt die Anlage auf dem Burgberg auch heute noch einen Eindruck von der einstigen Wehrhaftigkeit der Stadtanlage.

DIE STADTPFARRKIRCHE ST. JAKOB

In eindrucksvollem Gegengewicht zur Burg stehen die Repräsentationsbauten der Bürgerschaft. Der Gegensatz zwischen einer wehrhaften Burg und der Selbstbewußtsein ausstrahlenden bürgerlichen Architektur muß schon vor dem Neubau des herzoglichen Schlosses ganz außerordentlich gewesen sein. Auch heute noch beherrscht die Stadtpfarrkirche unmittelbar neben der Burganlage gleichgewichtig und gleichsam beschirmend die Altstadt. Ihr Patron, der Apostel Jakobus, erinnert an die wohl berühmteste Wallfahrt des Mittelalters zum Grab des Apostels in Santiago de Compostela. Ihr Weg folgte auf weiten Strecken den Handelsstraßen, und der süddeutsche Pilgerweg führte über Wasserburg.

Es entsprach dem erstarkten Selbstbewußtsein der Bürgerschaft, daß sie ihre 1255 errichtete, vermutlich beim Stadtbrand 1339 stark beschädigte Bürgerkirche nun nach dem Geschmack der Zeit erneuern wollte. In ihrem Auftrag übernahm im Jahre 1410 Meister Hans von Burghausen (Stethaimer) den Auftrag zum Neubau des Gotteshauses. Er begann mit der Errichtung des Langhauses. Nach seinem Tod setzte Stefan Krumenauer, der erzbischöflich-salzburgische Baumeister, ab 1445 den Bau fort und fügte in dreijähriger Bauzeit den neuen Chor an. Der Wasserburger Wolfgang Wiser schließlich führte das Bauwerk 1461–78 zu Ende. Weshalb er dem Turm anstelle des zu erwartenden gotischen Helmes die heutige Gestalt gab, blieb bisher unbekannt.

Um 1460 dürfte auch das Fresko »Der Lebensbaum« an der südöstlichen Außenseite des Chores geschaffen worden sein. Es stellt in der Gegenüberstellung des Alten und des Neuen Bundes das Erlösungswerk, die Überwindung von Sünde und Tod durch den Kreuzestod Christi, dar.

J. Poppel, Marienplatz in Wasserburg am Inn, Stahlstich nach einem Gemälde von M. Neher um 1860

J. Poppel, Marienplatz in Wasserburg on Inn, steel-plate engraving after a painting by M. Neher, c. 1860

J. Poppel, Place Ste Marie à Wasserburg sur l'Inn, gravure sur acier selon une peinture de M. Neher datant d'environ 1860

Eine grundlegende Umgestaltung des Kircheninneren fand auf Grund eines Pestgelübdes statt: Während des Dreißigjährigen Krieges wurde im Jahre 1634 auch Wasserburg von der »Seuche« erfaßt. Innerhalb weniger Wochen starben mindestens 500 Einwohner. Diese Zahl dürfte annähernd der Hälfte der gesamten Einwohnerschaft entsprochen haben. Daraufhin gelobte die Bürgerschaft am 8. 12. 1634 öffentlich, »die ganze Pfarrkirchen von Gibsarbeit und die Altär, sovil es sein kan« zu renovieren, wenn nur die Seuche erlöschte. Dies geschah, und den Auftrag zur Erfüllung des Gelübdes erhielten die Gebrüder Michael und Martin Zürn aus Waldsee. Von der prachtvollen, frühbarocken Ausstattung ist heute nur noch die Kanzel, eines der Hauptwerke der Gebrüder Zürn, sowie das Hauptgemälde vom damaligen Hochaltar, ein Werk des Münchener Hofmalers Ulrich Loth, vorhanden. Die überlebensgroßen Hauptfiguren vom Hochaltar, ein heiliger Florian mit den Zügen des Kurfürsten Maximilian und ein heiliger Sebastian nach dem Bilde Kaiser Ferdinands II., wurden zusammen mit anderen Kunstwerken anläßlich der Kirchenrenovierungen von 1826 bzw. 1879/80 veräußert. Nach langen Irrwegen, die sie bis nach Kalifornien geführt haben, konnten die »Ritterheiligen« schließlich 1958 durch die Stiftung Preußischer Kulturbesitz erworben werden. Sie stehen heute in der Skulpturenabteilung der Staatlichen Museen in Berlin-Dahlem.

Trotz aller Verluste zeugt die 1979 sehr behutsam restaurierte, dreischiffige Hallenkirche mit ihren Kunstwerken, zu denen auch die zahlreichen, unterschiedlich gut erhaltenen Grabmäler in der Kirche selbst und am Eingangstor zum Friedhof zu rechnen sind, noch heute vom Opferwillen einer nicht nur auf das Diesseits orientierten Bürgergemeinschaft.

DIE FRAUENKIRCHE

Neben der Stadtpfarrkirche nimmt sich die Frauenkirche am Marienplatz äußerlich bescheidener aus. Sie ist allerdings auch sehr viel früher entstanden, wird schon 1324 urkundlich erwähnt und kann ihrer Lage nach dem Typus der Marktkirchen zugerechnet werden. Bemerkenswert ist in diesem Zusammenhang der angebaute städtische Wachtturm, der in seinem Obergeschoß die Wohnung des städtischen Türmers beherbergte. Im Erdgeschoß diente er den Auflegern als Wachlokal, von dem aus sie ihrem »Nebenamt«, nämlich nachts die Zeit auszurufen, nachzugehen hatten.

Vermutlich mußte auch diese Kirche nach 1339 grundlegend renoviert werden. Inwieweit die Umfassungsmauern der Kirche den Stadtbrand überstanden haben, konnte bisher nicht nachgewiesen werden. Jedenfalls mußten sowohl die Stadtpfarrkirche als auch die Frauenkirche schon 1388 einer gründlichen, die Mittel der Stadt übersteigenden Renovierung unterzogen werden. 1750/55 wurde das Innere der Frauenkirche im Stil des Barock neu gestaltet. Der Raumeindruck der gotischen Hallenkirche blieb jedoch trotz der weitgehenden Entfernung gotischer Bauelemente erhalten, ebenso das wohl um 1420 im Stil der »Schönen Madonnen« entstandene Gnadenbild der Muttergottes. Sie thront im Hauptaltar vor einer Stadtansicht, die wahrscheinlich ebenfalls um 1750 geschaffen wurde. Bei der Restaurierung von 1971/76 wurde die erst 1912/13 wieder freigelegte barocke Fassung der Kirchenausstattung belassen und die reiche Bemalung gereinigt und ausgebessert.

So präsentiert sich heute die vermutlich älteste Kirche der Stadt in heiterem, jedoch keineswegs überschwänglich-dekorativem Barock.

DAS RATHAUS

Den eindrucksvollsten Profanbau der Stadt, in seiner äußeren Gestalt ein Werk reiner Gotik, stellt das Rathaus dar. Es zeugt noch heute vom Selbstverständnis jener Bürgerschaft, die den Neubau durch Jörg Tünzl 1457 ins Werk setzen ließ.

Anläßlich eines Umbaues im Jahre 1975 wurden in der östlichen Gewölbehalle des Erdgeschosses die aufgedeckten, älteren Fundamente genauer untersucht. Zwar läßt sich nicht nachweisen, daß das ältere, an dieser Stelle nachzuweisende mittelalterliche Gebäude bereits als Rathaus gedient hat, aber seine Lage und archivalische Hinweise lassen zumindest daran denken, daß schon vor dem großen Stadtbrand ein Rathaus vorhanden gewesen war. Nach diesem Ereignis ist vermutlich zunächst weniger Wert auf Repräsentation als auf Existenzsicherung gelegt worden. Jedenfalls wurde erst mehr als 100 Jahre später ein Neubau für notwendig gehalten.

Bei seinem Plan hielt sich der Baumeister an das Bauprogramm der alten Rathäuser und gab ihm eine in ihrer Schlichtheit und Geradlinigkeit eindrucksvolle Gestalt, die den vorgelagerten Marienplatz nicht bedrängend überragt, sondern ihn faßt und ihm zusammen mit der Marktkirche den Mittelpunkt gibt, um den sich das öffentliche Leben des Gemeinwesens konzentriert. Die Funktionen der einzelnen Gebäudeteile sind äußerlich ablesbar: Hinter dem hohen Treppengiebel, dessen Blendnischen 1924 durch Maximilian Ritter von Mann weitgehend neu gestaltet worden sind – nur die Bilder in den beiden Wappennischen waren noch zu restaurieren –, befindet sich im Obergeschoß das sogenannte Tanzhaus als Mittelpunkt des öffentlichen Lebens. In ihm fanden nicht nur die Feste der Bürgerschaft statt, sondern vor allem die vorgeschriebenen Versammlungen zur jährlich wiederkehrenden Ableistung des Bürgereides, zu Wahlen usw. Seine heutige Gestalt erhielt der Saal jedoch erst 1903/05 im Zuge der Restaurierung durch Maximilian Ritter von Mann. Sie war notwendig geworden, weil ein Stadtbrand am 1. 5. 1874 diesen Gebäudeteil schwer in Mitleidenschaft gezogen hatte.

Die Ratsstube oder der Kleine Rathaussaal blieb von Unglücksfällen verschont. Der gotische Raum wurde 1564 im Stil der

Renaissance umgestaltet und stellt, nachdem die Wandmalereien 1927 wieder entdeckt und freigelegt worden sind, einen der wenigen, vollständig erhaltenen Räume jener Epoche dar. Er erhielt seine besondere Bedeutung aus der Funktion und Stellung der Stadt Wasserburg zu jener Zeit: Hier fanden nicht nur die Ratssitzungen, sondern, nach der Reichsreform Kaiser Maximilians, in unregelmäßigen Abständen auch Kreistage des bayerischen Kreises statt. Die Ratsstube wurde ihrer Bedeutung entsprechend mit den Porträts von Gelehrten aus der Antike und einer Darstellung des salomonischen Urteils gestaltet.

Im Erdgeschoß des Hauses waren das Brothaus und die Schrannenhalle untergebracht, ersteres die zentrale Verkaufsstelle für die Produkte der ortsansässigen Bäcker, letzteres der Marktort für alles schrannenpflichtige Getreide, das nur über die Getreideschrannen in Handel und Verkehr gebracht werden durfte.

BRUCKTOR UND SPITAL

Zu den auffallendsten baulichen Anlagen der Stadt zählt das Ensemble Innbrücke-Brucktor-Spitalgebäude-Bürgerheim, das in seiner bewegten, weitgehend noch unerforschten Geschichte viele Veränderungen erfahren hat. Es ist anzunehmen, daß der erste Bau einer Innbrücke in Wasserburg in die Zeit der Herrschaftsverlegung oder -übernahme durch den Hallgrafen Engelbert fällt. Damit wurde aber auch die Befestigung dieses neuen Stadtzuganges, also der Bau eines Stadttores an dieser Stelle erforderlich. Dessen Existenz und die Verpflichtung des Landesherrn zu Bau und Unterhalt von Brücke und Tor ist in der schon mehrfach erwähnten Urkunde des Jahres 1374 als seit eh und je bestehend angenommen. Einer Erneuerung des Torturmes im Jahre 1470 folgte eine weitere im Jahre 1568. Aus dieser Zeit stammt auch die 1890 und 1969 restaurierte Bemalung.

Das westlich angebaute ehemalige Heiliggeist-Spital hat ebenfalls eine wechselvolle Geschichte. Es wird in Urkunden schon 1338 als solches erwähnt. Die im Jahre 1341 durch den herzoglichen Pfleger Zacharias von Höhenrain erfolgte Stiftung dürfte die Erneuerung des durch den Brand ebenfalls zerstörten Gebäudes zum Gegenstand gehabt haben. Dabei dürfte das ursprüngliche Spital nur einen kleinen Teil der nach einem weiteren Brand 1380 abermals neu erbauten und später immer wieder vergrößerten Baulichkeiten umfaßt haben.

Von besonderem kunsthistorischem Interesse ist die Heiliggeist-Spitalkirche, die in einem leider noch nicht restaurierten, aber vollständig erhaltenen spätgotischen Raum (mit noch nicht freigelegten Fresken, vermutlich aus der Zeit um 1380) in der geschnitzten Pfingstgruppe des Hochaltars eines der bedeutendsten Kunstwerke der Stadt aufbewahrt.

Heute dient das Spitalgebäude dem »Ersten Imaginären Museum« als Unterkunft. In diesem »Museum der Museen« werden Repliken von mehr als 500 Meisterwerken

J. Poppel, Wasserburg am Inn, Innfront, Stahlstich nach einem Gemälde von Scheuchzer um 1860

J. Poppel, Wasserburg on Inn, Inn front, steel-plate engraving after a painting by Scheuchzer, c. 1860

J. Poppel, Wasserburg sur l'Inn, façades de maisons aux bords de l'Inn, gravure sur acier selon une peinture de Scheuchzer datant d'environ 1860

der bildenden Kunst aus den bedeutendsten Museen und Sammlungen der Welt ausgestellt. Sie sind in einem von Günter Dietz entwickelten Verfahren hergestellt, das es erlaubt, Bilder und Grafiken aller Epochen und Stilrichtungen im Originalverfahren und auf jedem Farbträger wiederzugeben. Mit der »Sammlung Günter Dietz« konnte eine Gemäldegalerie aufgebaut werden, in der neben dem romanischen Fresko aus Straßburg und Miniaturen aus der Manessischen Handschrift auch Grafiken aus dem Louvre, Bilder aus der Alten Pinakothek und der Eremitage hängen, aber auch Originalserigraphien von Hundertwasser oder Zeichnungen von Picasso zu sehen sind. Durch diese Nutzung konnten Raumfolgen und -größen des mittelalterlichen Sozialbaues weitgehend in ihrem originalen Zustand erhalten werden.

Im Bereich des Brucktores, vermutlich in dessen Untergeschoß und in einem östlich angebauten Gebäude, befanden sich bis zum Neubau eines Schlachthauses in der Hofstatt im Jahre 1619 die ebenfalls schon 1338 urkundlich erwähnten Fleischbänke. Bauzeit und ursprüngliche Funktion des darüber errichteten, noch im 19. Jahrhundert »Schuhhaus« genannten Gebäudes sind nicht mehr bekannt. Dieses Gebäude, das heute mit den anderen eine bauliche Einheit bildet, wurde 1829 als Bürgerheim dem Spital angegliedert. Damit wurde der entscheidende Schritt in der Entwicklung vom mittelalterlichen Spital zum neuzeitlichen Altersheim vollzogen.

KERNHAUS UND HEIMATHAUS

Unter den vielen erwähnenswerten Gebäuden soll nur noch auf zwei besonders hingewiesen werden, auf das Kernhaus am Marienplatz, gegenüber dem Rathaus, und auf die Gebäude des Heimathauses.

Das Kernhaus mit seiner (vermutlich) um 1738 entstandenen Rokokofassade gilt als ein Hauptwerk bürgerlicher Profanarchitektur dieser Epoche in Süddeutschland und wird Johann Baptist Zimmermann zugeschrieben. Es entstand im Auftrag der durch den Honighandel zu außerordentlichem Wohlstand gekommenen und in den Adelsstand erhobenen Familie Kern. Die Fassade wurde 1967/70 von Grund auf restauriert, die dahinter liegenden Gebäude vollständig erneuert.

In der Herrengasse, hinter dem Rathaus, liegt der insgesamt aus drei Häusern bestehende Komplex des Heimathauses, in dem neben dem historischen Restaurant »Herrenhaus« vor allem die städtischen Sammlungen untergebracht sind. Das »Herrenhaus«, wurde 1968/69, das Museumsgebäude 1981 restauriert. Dabei konnten im Obergeschoß die Raumfolge eines spätmittelalterlichen Bürgerhauses wiederhergestellt und überaus seltene Wandmalereien – u. a. ein Allianzwappen der Familie Altershamer/Kulbinger – freigelegt werden. Hier begegnet der Besucher nicht nur den Zeugnissen bürgerlichen Lebens und städtischer Kultur aus verschiedenen Epochen, sondern auch Kunstwerken von hohem Rang und seltenen, teils einmaligen Sammlungen. Sie sind vor allem sehenswert, weil diese Zeugnisse der Kunst- und Kulturgeschichte in den adäquaten, historischen Räumen ausgestellt werden können und weil vom gotischen Gewölbe des Erdgeschosses und dem Innenhof bis zum Grabendach alle wesentlichen Elemente der sogenannten Inn-Salzach-Bauweise gezeigt werden.

DER WEG IN DIE NEUZEIT

Mit Ausnahme des Kernhauses sind alle bedeutenden historischen Bauten in der Stadt Wasserburg im 14., 15. und 16. Jahrhundert entstanden. Auch die Mehrzahl der in den letzten Jahren freigelegten und restaurierten Fassaden stammen aus dieser Epoche des Wohlstandes der Stadt und ihrer Bürger. Der Wechsel des Landesherrn 1247, der große Brand 1339, die Landesteilung von 1392, die Übernahme des Landes vor dem Gebirg durch die Herzöge von Landshut im Jahre 1447 störten diese Entwicklung nicht nachhaltig. Erst die allgemeinen politischen Strömungen nach der Vereinigung Bayerns durch Albrecht IV (den Weisen) 1506, die äußere Bedrohung des Reiches durch die Türken, Reformation und Gegenreformation, aber auch die Begründung des herzoglichen Salzmonopols, die gewaltige Staatsverschuldung im 16. Jahrhundert und vor allem die Aushöhlung des mittelalterlichen Privilegienwesens, die Umorientierung der Verkehrswege, veränderte Sozialstrukturen, neue Handels- und Wirtschaftsformen kündeten eine neue Zeit an. Das Salz und mit ihm der allgemeine Handel suchten neue Wege. Eine einst strategisch günstige Lage geriet zum Verkehrshindernis.

Dies alles wurde schlagartig deutlich als nach dem Ende des Dreißigjährigen Krieges ein Neuanfang in den alten Rechtsformen, aber mit anderen Inhalten notwendig wurde. Die Stadt und ihre Bürger konnten die Verwüstungen und Folgen des Krieges nur langsam überwinden. Einzelne Familien brachten es wieder zu Wohlstand, aber der Antrieb von außen, Wert und Bedeutung der Privilegien waren unwiederbringlich verloren. Einem bescheidenen 18. Jahrhundert folgte ein endgültiger Niedergang im 19. Jahrhundert. Statistische Daten allein können dies nicht belegen, aber im Vergleich mit landesweiten Entwicklungen zeigen sich doch die finanz-, wirtschafts- und machtpolitischen Veränderungen vor dem Hintergrund wiederholter Kriege und drückender Steuerlasten.

Zwar nahm die Zahl der Häuser von 288 im Jahre 1717 auf 331 im Jahre 1796 und die Zahl der Einwohner im gleichen Zeitraum von 1895 auf etwa 2000 zu, aber die Zahl der »activen«, also steuerpflichtigen Bürger, die im 16. Jahrhundert noch mit rund 700 angegeben wird, betrug um 1740 nur noch 240. Darüber kann auch die selbst um die Wende zum 19. Jahrhundert noch feststellbare große Anzahl der ausgeübten, hoch differenzierten Gewerbe und Berufe nicht hinwegtäuschen. Der auffallende Rückgang bei den Metall- und Bauberufen sowie allem, was mit der Lebensmittelversorgung und dem Beherbergungswesen zu tun hat, macht den Strukturwandel überdeutlich, der sich aus dem ersatzlosen Wegfall der traditionellen Lebensgrundlagen ergeben hatte.

Die Stadt nimmt zwar 1840 mit 2293 Einwohnern neben Rosenheim mit 3090, Bad Aibling mit 1218, Traunstein mit 2029, Ebersberg mit 1531 und Mühldorf mit 1742 ihrer Einwohnerzahl nach einen durchaus achtbaren Rang ein, aber die innere Struktur entsprach schon lange nicht mehr dem äußeren Ansehen.

So berichtet der Stadtschreiber Joseph Heiserer über die Zeit um 1820: »Die Stadt ist finster, die Gassen sind nicht wohl geregelt, nur ein kleiner Teil davon belebt, die Einwohner [...] sind auf geringen Verkehr beschränkt, die Häuser werthlos, die Gewerbe nicht gesucht. Die Kirchen traf ich alle schmutzig [...], das Rathaus verfallen, Schulhaus keines, [...] die Versorgungshäuser zum Erbarmen, ein Krankenhaus nur dem Namen nach [...].« Aber es kam noch schlimmer: Die Eisenbahn ließ die Stadt im Abseits liegen, die modernen Gewerbe siedelten sich entlang der neuen Bahnstrecken an und die Städte an den Schienenwegen blühten auf. Die wiederholten Bemühungen der Wasserburger, den Anschluß zu erhalten, hatten nur geringen Erfolg. Die entdeckten Kohlevorkommen erwiesen sich als unergiebig, das fortschrittliche Kneipp-Heilbad geriet in den wirtschaftlichen Ruin, die neu gegründeten Schulen konnten kaum genügend Schüler aufbringen, um sich am Leben zu erhalten; die Steuereinnahmen blieben bescheiden, die Stadtbrände von 1874 und 1885 taten ein übriges...

Und gerade diese »Insolvenz« des vorigen Jahrhunderts ist es, die uns das Stadtbild erhalten hat: In der Zeit des allgemeinen wirtschaftlichen Aufschwungs einer Gründerzeit, vor allem in der zweiten Hälfte des vorigen Jahrhunderts, haben viele der alten Städte ihre Identität und ihre Individualität verloren. Als andernorts die alte Substanz für wertlos gehalten wurde und eine »moderne« Architektur, neue Baustoffe und neue Gewerbe Einzug hielten, mußte man in Wasserburg darauf bedacht sein, das Alte notdürftig zu erhalten. Vielleicht erwuchs aus diesem Zwang das schon vor mehr als 100 Jahren erkennbare Bemühen um den Schutz der historischen Substanz.

WASSERBURG HEUTE

Unserem Zeitalter der Landesplanung und Raumordnung, der Reformen und Pläne blieb es vorbehalten, die letzten Reste überkommener Strukturen zu zerstören und sie gleichzeitig als planerische Vorgaben zu neuen Entwicklungszielen zu erklären.

Mit der Auflösung des Landkreises Wasserburg wurden 1972 die letzten Reste einer spätestens seit dem 12. Jahrhundert bestehenden und gewachsenen Raumstruktur zerstört. Wasserburg war seit dieser Zeit und erst recht nach der Entstehung einer flächendeckenden kommunalen Gliederung im 19. Jahrhundert Verwaltungs- und Gerichtssitz, aber auch Mittelpunkt der Schulen, des Handels und der Dienstleistungen in einem weitgehend landwirtschaftlich orientierten Raum gewesen. Diese »Zwangszentralität« mag auch dazu geführt haben, daß die Zahl industriell-gewerblicher Arbeitsplätze bis in die Jahre nach 1960 verhältnismäßig gering blieb.

Der Wegfall der Verwaltungszentralität hat manche Entwicklungen Wasserburgs hin zum zentralen Ort mit umfassenden Versorgungs- und Mittelpunktsfunktionen erheblich beschleunigt. Die seitherige Zuordnung der Stadt Wasserburg zum Landkreis Rosenheim hat diese Entwicklung nicht behindert, da dieser die zahlreichen zentralen Einrichtungen des ehemaligen Landkreises Wasserburg nicht nur übernommen, sondern sie seither auch bedarfsgerecht unterhalten und leistungsfähig weiter ausgebaut hat. Als viel problematischer und bedrohender erwiesen sich die Aufteilung des alten Einzugsbereiches der Stadt auf insgesamt vier Landkreise und die unzureichende Erweiterung des Stadtgebietes im Zuge der Gemeindegebietsreform des Jahres 1978. Nahm die Stadt nämlich vor 1972 unter den damals 61 Gemeinden des Landkreises Wasserburg der Einwohnerzahl nach den ersten, ihrer Fläche nach den 57. Rang ein, so steht sie heute im Landkreis Rosenheim unter 40 Gemeinden und vier Verwaltungsgemeinschaften der Einwohnerzahl nach mit vier annähernd gleichgroßen an vierter, der Fläche nach an 39. Stelle. War die Stadt vor 1972 neunmal so groß wie der Durchschnitt der anderen Gemeinden, so ist sie heute nur noch doppelt so groß.

Daraus wurden die gewachsene Leistungsfähigkeit, aber auch die kommunale Konkurrenz und der Leistungsdruck deutlich, denen ein Ort mit höherer Zentralität zwangsläufig ausgesetzt ist. Immerhin führten die Reformen in Wasserburg mittelbar auch zu einem Bevölkerungsrückgang von annähernd 10%. Die räumliche Enge der mittelalterlichen Stadtgrenzen ließ trotz der Einbeziehung der Gemeinde Attel im Unterschied zu den Gemeinden der Umgebung zunächst keine angemessene bauliche Entwicklung zu.

Trotzdem ist es bisher gelungen, den Ansprüchen weitgehend gerecht zu werden, die heute in sozialer, wirtschaftlicher und kultureller Hinsicht an eine Stadt wie Wasserburg gestellt werden. Die Zahl der industriell-gewerblichen Arbeitsplätze hat in demselben Maße zugenommen, wie Arbeitsplätze in der Landwirtschaft verlorengegangen sind. Dabei sind zwei Faktoren bemerkenswert: Zum einen verarbeiten zwei namhafte, große und leistungsfähige Betriebe Milch, das wichtigste Produkt der einheimischen Landwirtschaft, erzeugernah zu marktgängigen Markenprodukten und sichern damit auch die Zukunft der milcherzeugenden Betriebe. Zum anderen verteilen sich die Arbeitsplätze auf nahezu alle denkbaren Branchen und ergeben damit einen weitgehend krisensicheren Arbeitsmarkt, der auch vorübergehende strukturelle oder konjunkturelle Schwächen auszugleichen vermag. Dazu liefern freilich auch Handel, Handwerk und vor allem ein breitgefächerter Dienstleistungsbereich ihren Beitrag. Der Umfang des Arbeitsplatzangebots und die zentralörtliche Bedeutung der Stadt werden auch daraus ersichtlich, daß einer Zahl von rund 10000 Einwohnern mehr als 5600 Berufseinpendler gegenüberstehen (bei nur rund 1000 Berufsauspendlern).

Der Fremdenverkehr erhält vor allem in der Form des Tagestourismus eine zunehmende Bedeutung, besonders für die Gastronomie und den Handel. Die Sport- und Freizeitanlage Badria ist auf diesen Bedarf ebenso ausgerichtet wie auf die Freizeitbedürfnisse der einheimischen Bevölkerung und die Anforderungen des Schul- und des Breitensports.

Eine ähnlich zentrale Bedeutung kommt der Stadt nach wie vor auf dem Gebiet des Bildungswesens zu. Neben den städtischen Grundschulen sind nahezu alle weiterführenden Schulen des allgemeinen und des beruflichen Bildungsweges in der Trägerschaft des Landkreises hier vorhanden. Der Freistaat Bayern errichtet derzeit ein Ausbildungszentrum der Sozialverwaltung, dessen integrierter Bestandteil auch der Fachbereich Sozialverwaltung der Bayerischen Beamtenfachhochschule sein wird.

Im Bereich des Gesundheitswesens verdient neben dem Kreiskrankenhaus mit seinen drei Hauptabteilungen vor allem das Bezirkskrankenhaus Gabersee mit psychiatrischer und neurologischer Abteilung besondere Erwähnung. In den Anlagen des ehemaligen Klosters Attel ist heute eine Behindertenanstalt mit Werkstätten und Schulen untergebracht.

Daß sich die Stadt Wasserburg angesichts ihrer Lage und Geschichte darum bemüht, dem eigenen Anspruch und der historischen Verpflichtung eines kulturellen Mittelpunktes im Gebiet zwischen Ebersberg und Traunstein, Rosenheim und Mühldorf gerecht zu werden, versteht sich fast von selbst. Die Sammlungen und Museen legen davon ebenso Zeugnis ab wie die vielfältigen kulturellen Veranstaltungen und Einrichtungen.

Die kommunalen Bemühungen werden ergänzt durch die unentbehrlichen Aktivitäten der Vereine und Verbände, unter denen beispielhaft die Künstlervereinigung Arbeitskreis ’68, der Bachchor, das Kammerorchester sowie die Stadtkapelle erwähnt werden sollen. Leider läßt die schmale Basis von 10000 Einwohnern nur eine begrenzte öffentliche Förderung der vielfältigen Aktivitäten zu. Dadurch erhält das ehrenamtliche Engagement vieler Bürger eine herausragende Bedeutung. Sein Wert für die Kultur in der Provinz kann nicht überschätzt werden. Dies zeigt sich auch immer wieder bei den zahlreichen Festen und Veranstaltungen – beispielsweise auch anläßlich der 850-Jahr-Feier 1988 –, die sonst nicht durchführbar wären und deren besonderer Reiz darin liegt, daß sie nicht nur zum Betrachten anregen, sondern zum Teilnehmen einladen. Auch dazu ist nur eine örtliche Gemeinschaft in der Lage, die eine historisch gewachsene Position zugleich als Aufgabe und Verpflichtung sieht.

Der Zugang von Süden,
das Brucktor

The entryway from the south –
the Bridge Gate

Le Portail du Pont permet
d'accéder à la ville par le sud

Die Innfront – italienische
Atmosphäre am Inn

The Inn front – Italian
atmosphere on the Inn

Maisons bordant l'Inn –
atmosphère italienne

Wahrzeichen der Stadt: »Rote Brücke«, Burg und Stadtpfarrkirche St. Jakob

Landmarks of the city: the "Red Bridge", Castle and the parish Church of St. James

Les emblèmes de la ville: le «Pont rouge», le Château et l'Eglise paroissiale St Jacob

Blick auf die Dächer Wasserburgs. Der Stadtgrundriß ist ein Musterbeispiel der Innstadtbauweise

View of the roofs of Wasserburg. The ground plan of the city is a model example of the Inn valley urban architecture

Vue sur les toits de Wasserburg. La structure de la ville est un exemple typique de l'architecture urbaine des villes de la région de l'Inn

Wasserburg am Inn als Halbinsel: Durch den Fluß werden Natur und Landschaft in das Stadtbild einbezogen

Wasserburg on Inn, a peninsula: the river makes nature and the landscape part of the city

Wasserburg sur l'Inn – une presqu'île: le fleuve intègre nature et paysage dans la physionomie de la ville

Ehemaliges Schloß, Burgkirche St. Egidien und ehemaliger Getreidekasten in der aufsteigenden Dämmerung

The former palace, the castle Church of St. Giles, and the former granary in the growing dusk

L'ancien château, l'Eglise du château St Egidien et l'ancien grenier à grain à la tombée de la nuit

Im Abendlicht: Die Gebäude der Burg, der Kirchturm von St. Jakob (rechts oben) und der Treppengiebel des ehemaligen Schlosses (rechts unten)

In the evening light: the buildings of the Castle, the tower of St. James (above right) and the stepped gable of the former Palace (below right)

Crépuscule sur les bâtiments du Château, le clocher de l'Eglise St Jacob (en haut et à droite) et le pignon en forme d'escalier de l'ancien château (en bas et à droite)

Das Brucktor von der Stadtseite aus gesehen

The Bridge Gate as seen from the town

Le Portail du Pont vu de la ville

Traum, Märchen, Wirklichkeit? Beleuchtete Innfront

A dream, fairytale, reality? The Inn front under floodlight

Rêve, conte ou réalité? Maisons illuminées aux bords de l'Inn

Türme und Kirchen vor der Burg

Towers and churches in front of the Castle

Tours et églises devant le Château

»Die Geliebte des Inntals«. Vom Inn umarmte Altstadt

"The beloved of the Inn valley": the historic centre in the Inn's embrace

«La bien-aimée» de la vallée de l'Inn. La vieille ville enlacée par l'Inn

Das Kernhaus am Marienplatz: Rokoko in höchster Vollendung. Um 1738 durch Johann Baptist Zimmermann gestaltete Fassade

The Kernhaus on Marienplatz: rococo in greatest perfection. The façade was done by Johann Baptist Zimmermann about 1738

La maison Kern sur la place Ste Marie: style rococo dans sa plus grande perfection. Sa façade a été réalisée par Johann Baptist Zimmermann vers 1738

Marienplatz mit dem 1992
erneuerten Marienbrunnen.
Die »Gute Stube« der Stadt

Marienplatz with St. Mary's
Fountain, restored in 1992.
The town's "living room"

La Place Ste Marie et sa
fontaine Ste Marie, rénovée
en 1992: un des lieux des
plus accueillants de la ville

Rathaus und Frauenkirche mit Stadtturm

Town Hall and Church of Our Lady with Town Tower

L'Hôtel de ville et l'Eglise Ste Marie avec la Tour de la ville

Symbol bürgerlichen Selbstbewußtseins: Der Engel hält das Wappen der Stadt und schützt sie unter herzoglicher Herrschaft

Symbol of the burghers' pride: the angel holds the town's coat-of-arms and protects it under ducal rule

Symbole de la fierté des bourgeois: l'ange tient les armoiries de la ville qu'il protège par l'autorité ducale

Blick auf die Burg View at the Castle Vue sur le Château

Der Kleine Rathaussaal, ein eindrucksvolles Zeugnis von Malerei und Architektur der Renaissance.
1564 als Tagungsort auch der bayerischen Kreistage umgestaltet, 1927 restauriert

The Small Hall in Town Hall, an impressive example of Renaissance painting and architecture. In 1564 it was remodelled to be the convening site of the Bavarian district estates; it was restored in 1927

La Petite Salle de l'Hôtel de ville, un chef d'œuvre de peinture et d'architecte de la Renaissance. Cette salle fut transformée en 1567 pour devenir salle de réunion des parlements régionaux bavarois; elle fut restaurée en 1927

Konzert im großen Rathaussaal, dem ehemaligen Tanzhaus, 1903/05 durch Maximilian von Mann neu gestaltet

Concert in the Great Hall in Town Hall, the former "Dance House", newly decorated in 1903/05 by Maximilian von Mann

Concert dans la Grande Salle de l'Hôtel de ville, l'ancienne salle de bal, qui a été redécorée en 1903/05 par Maximilian von Mann

Zeugnisse bürgerlichen und bäuerlichen Wohlstandes aus dem Heimatmuseum:
Oben: ältestes, noch bespielbares Virginal (Spinett) des deutschen Sprachraums
Mitte: Wachsmodel aus der Werkstätte der Wachszieherfamilie Surauer
Unten: Brautbett aus der Werkstätte Perthaler, datiert 1781

Testimony of burgher and rustic opulence from the local museum:
above: oldest virginal, which can still be played
middle: wax mould from the workshop of the Surauer chandler family
below: bridal bed from the Perthaler workshop, dated 1781

Reliques de la prospérité bourgeoise et paysannes conservées dans le musée régional:
En haut: la plus vieille épinette en état de fonctionner sur le territoire allemand
Au milieu: modèle en cire provenant des ateliers de la famille Surauer, une famille de ciriers
En bas: lit nuptial fabriqué par les ateliers Perthaler et datant de 1781

Die Herrengasse im
Morgenlicht

Herrengasse in the
morning light

La ruelle «Herrengasse»
le matin

Der ehemalige »Männersaal« im heutigen »Ersten Imaginären Museum« – die Keimzelle des ehemaligen Heiliggeist-Spitals

The former "men's hall" in the present-day "First Imaginary Museum" – the nucleus of the former Hospital of the Holy Ghost

L'ancienne «Salle des hommes» au sein du «Premier musée imaginaire» actuel – le noyau de l'ancien Hôpital du Saint-Esprit

Moderne Kunst in alten Räumen: In der jährlich im Rathaus stattfindenden »Großen Wasserburger Kunstausstellung«

Modern art in old rooms: at the annual "Great Wasserburg Art Exhibit" in Town Hall

Art moderne dans des pièces anciennes: à la «Grande exposition d'art de Wasserburg» qui se tient chaque année dans l'Hôtel de ville

Im Schatten der Burg, der heutige Zugang zum ehemaligen Schloßgebäude

In the shadow of the Castle, the current entryway to the former Palace

A l'ombre du château, l'accès actuel à l'ancien château

Stadtturm und Frauenkirche

Town Tower and Church of Our Lady

La Tour de la ville et l'Eglise Ste Marie

Kinderland

Das Pfingstwunder aus dem Hochaltar der Heiliggeist-Spitalkirche

The Miracle of Pentecost from the high altar of the Church of the Hospital of the Holy Ghost

Le Miracle de la Pentecôte provenant du maître-autel de l'Eglise de l'Hôpital du Saint-Esprit

Der »Obere Fletz« im ehemaligen Schloß

The Upper Hallway in the former Palace

Le «Corridor supérieur« de l'ancien château

Epitaph an der Stadtpfarrkirche, Seitenansicht des Rathauses (linke Seite), Renaissance-Türklopfer, in der Friedhofsgasse (rechte Seite)

Gravestone at the Parish Church; side view of Town Hall (left); Renaissance door knocker; in Cemetery Lane (right)

Pierre tombale de l'Eglise paroissiale, vue latérale de l'Hôtel de ville (à gauche), heurtoir Renaissance, vue prise dans la Ruelle du cimetière (à droite)

Stadtpfarrkirche St. Jakob
(1410-78)
Portal der Westseite und sog. »Lebensbaum« an der südöstlichen Choraußenwand

Parish Church of St. James (1410-78): portal on the west side and "tree of life" on the southeastern exterior wall of the choir

L'Eglise paroissiale St Jacob (1410-1478). Portail d'entrée côté ouest et «l'arbre de vie» se trouvant sur la face extérieure du choeur, côté sud-est.

In Mitte steht der Baum des Lebens- Durch die Sünde Adams ist der Tod und die Ver-
dammung auf alle Menschen übergegangen; Durch den Kreuzestod Jesu aber vom Vater an
genommen, ist der Schaden ersetzt. Die Kirche hat die Früchte dieses Opfers geerbt u. verteilt
sie unter ihre Kinder. So kommt Verzei-
hung, Gnade, Auferstehung u. das ewige Leben zu uns. Dem Retter sei Ehre u. Preis
Amen!

Die Kanzel der Gebrüder Zürn (1635) in der Stadtpfarrkirche St. Jakob, ein Hauptwerk frühbarocker Kunst in Süddeutschland

The pulpit by the brothers Zürn (1635) in the Parish Church of St. James, a main work of early Baroque art in Southern Germany

La chaire des frères Zürn (1635) dans l'Eglise paroissiale St Jacob, un des chefs d'œuvre du style baroque primaire du sud de l'Allemagne

Die Frauenkirche, ältestes Gotteshaus der Stadt mit dem Gnadenbild des Hochaltars (um 1420) vor einer Stadtansicht

The Church of Our Lady, the town's oldest, with the miracle-working painting of the high altar (c. 1420), with a view of the town in the background

Au premier plan, l'Eglise Ste Marie, la plus ancienne de la ville, avec l'image miraculeuse du maître-autel (datant d'environ 1420); à l'arrière plan, une vue de la ville

Entlang der Stadtmauer. Das Eingangstor zu dem seit 1544 hier befindlichen Friedhof wurde 1855 unter Verwendung wertvoller, alter Epitaphien neu errichtet

Along the town wall. The entry gate to the cemetery, which has been here since 1544, was newly built in 1855, using valuable old gravestones

Le long du mur d'enceinte de la ville: l'entrée du cimetière – qui se trouve à cet endroit depuis 1544 – a été reconstruite en 1855 au moyen d'anciennes pierres tombales de grande valeur

In der Schmidzeile, der alten
Zufahrt von der Burg zur Stadt

In Schmidzeile, the old access
route from the Castle to
the town

Dans la rue «Schmidzeile» qui
reliait jadis le château à
la ville

Blick in die Hofstatt

A view of Hofstatt

Vue sur la place «Hofstatt»

Unter den Arkaden:
Atmosphäre statt Kommerz

Under the arcades:
atmosphere instead of business

Sous les arcades:
une bonne ambiance est plus
importante que le commerce

Im Nagelschmiedgäßchen

In "Nailsmiths' Lane"

Dans la «Ruelle des cloutiers»

Moderne Gastronomie mit historischem Ambiente. Historisches Restaurant »Herrenhaus«

Modern gastronomy in a historic setting: the historic restaurant "Herrenhaus"

Gastronomie moderne dans une ambiance historique: le restaurant historique «Herrenhaus»

Die Blasmusik, volkstümliche
Unterhaltung bei Volksfesten

The local band, folksy enter-
tainment at festivities

La musique de la fanfare est
un divertissement apprécié lors
des fêtes populaires

Altes Handwerk mit Tradition:
- Sattlermeister
  Gustav Froschmayer
  mit einem Prunkgeschirr
- Der Wagner Johann
  Maikäfer in seiner Werkstatt
- In der Töpferei

Old crafts with tradition:
- the saddlemaker
  Gustav Froschmayer
  with a decorative harness
- the cartwright Johann
  Maikäfer in his workshop
- in the potter's workshop

Les anciens métiers artisanaux
et leurs traditions:
- le sellier
  Gustav Froschmayer
  avec un superbe harnais
- le charron Johann Maikäfer
  dans son atelier
- dans l'atelier de poterie

SIGL
Brennerei
Otto Sigl

Goldschmiede

Die »Nasenschilder«:
Statt Leuchtreklame kunsthandwerkliche Kostbarkeiten am Wege

"Nose signs": instead of neon, masterworks of artistic crafts on the wayside

Les «Nasenschilder»:
de précieuses enseignes artisanales, et non pas des enseignes lumineuses modernes, bordent les rues

Unter den Bögen: Angebote für Augen und Gaumen, Gelegenheit zum Bummeln und Einkaufen

Under the arches: enticements for eyes and palate, a chance for strolling or shopping

Sous les arcades: étalages de produits pour les yeux et le palais, une bonne occasion de flânerie et de shopping

Herrenhaus

Der Blasitag jeden 3. Februar des Jahres: Der Welt größter Taubenmarkt, Treffpunkt für Kenner und Züchter

The Day of St. Blaise, February 3, is the day of the world's largest pigeon market, a meeting place for connoisseurs and breeders

Chaque année, la Saint Blaise qui se fête le 3 février est le jour du marché aux pigeons le plus grand au monde, lieu de rencontre des connaisseurs et des éleveurs

Das ehemalige, traditionsreiche Hotel Meyer-Bräu in der Schmidzeile

The former Hotel Meyer-Bräu in Schmidzeile, a house rich in tradition

L'ancien hôtel Meyer-Bräu, riche de traditions, dans la rue «Schmidzeile»

Der ehemalige Getreidekasten auf der Burg mit dem bayerisch-badischen Allianzwappen von ca. 1530

The former granary at the Castle with the combined coat-of-arms of Bavaria and Baden, c. 1530

L'ancien grenier à grain du château avec les armoiries de l'Alliance conclue entre la Bavière et le pays de Bade remontant à environ 1530

Das jährliche Weinfest, eine feucht-fröhliche Angelegenheit. Gastronomie im Freien bei Kerzen- und Lampionschein

The annual wine festival, a convivial occasion. Wining and dining outdoors by candle- and lamplight

La Fête du vin qui se tient chaque année à Wasserburg est gaie et bien arrosée. La gastronomie a lieu en plein air et à la lumière des chandelles et des lampions

Offene und gedeckte Innenhöfe – typische Gestaltungselemente der Inn-Salzach-Städte

Open and covered courtyards, typical elements in Inn and Salzach towns

Cours intérieures couvertes et non couvertes – éléments typiques des villes de la région de l'Inn et de la Salzach

Renovierte Fassade des Ganserhauses, alte Fassade am Zirnweg (unten)

Renovated façade of the Ganser House, old façade on Zirnweg (below)

Façade rénovée de la Maison «Ganserhaus», ancienne façade du chemin «Zirnweg» (en bas)

Jahrmarkt der Sensationen: Der jährliche Flohmarkt im August zieht Tausende in seinen Bann zur Suche nach Raritäten

A market of sensations: the annual flea market in August attracts thousands of curiosity seekers

Un marché qui fait sensation: le marché aux puces qui se tient chaque année au mois d'août attire des milliers de personnes à la recherche d'objets rares

FRANZ GÖPFERT
Spenglermeister
TSV.1880

Im Spiegel der Zeit. Eine Stadt zwischen Tradition und Moderne

Signs of the times: a city between tradition and modernism

Reflets des temps passés et présents: tradition et modernisme se côtoient dans la ville

Der Skulpturenweg auf dem
Hochwasserdamm

The "sculpture way"
on the flood levee

Le «Chemin des sculptures»
sur la digue

Die 1992 wiedereröffnete
Schiffahrt auf dem Inn
(linke Seite)

Navigation on the Inn was
reopened in 1992 (left)

La navigation sur l'Inn a été
réouverte en 1992 (à gauche)

Die Panoramaaufnahme verdeutlicht die topographischen Rahmenbedingungen der Stadtwerdung

The panorama photo shows the topographical features in the town's development

Cette vue panoramique présente les caractéristiques topographiques de l'évolution de la ville

Idylle am Inn. Hier kommen auch Sportfischer auf ihre Kosten

Peaceful scene on the Inn. A good spot for anglers, too

Atmosphère paisible aux bords de l'Inn. Même les pêcheurs les plus mordus y trouvent leur plaisir

Wasserburg
Stadtsilhouette

Wasserburg's
silhouette

La physionomie
de Wasserburg

Die Vogelfreistätte im Staubereich der Innstufe Wasserburg, Heimstatt vieler geschützter Vogelarten

The bird refuge in the back-up area of the Wasserburg dam, the home of many protected bird species

Le refuge des oiseaux à proximité de la digue de Wasserburg, domicile de nombreuses espèces d'oiseaux protégées

In der Innleite. Naturnahe Lebensräume für Tiere, Pflanzen und Menschen

On the Inn slope. Natural living space for animals, plants and people

Les collines bordant les méandres de l'Inn sont des espaces vitaux pour les oiseaux, les plantes et les hommes

Sommerabend bei Wasserburg

A summer evening near Wasserburg

Soirée estivale dans les environs de Wasserburg

D
A
F
E
C
B
G
Q
M
OC
SE
MF